Date: 7/6/17

Biomas marinos

Grace Hansen

Abdo
BIOMAS
Kids

abdopublishing.com

Published by Abdo Kids, a division of ABDO, PO Box 398166, Minneapolis, Minnesota 55439.

Copyright © 2017 by Abdo Consulting Group, Inc. International copyrights reserved in all countries. No part of this book may be reproduced in any form without written permission from the publisher.

Printed in the United States of America, North Mankato, Minnesota.

102016

012017

 THIS BOOK CONTAINS RECYCLED MATERIALS

Spanish Translator: Maria Puchol

Photo Credits: iStock, Shutterstock

Production Contributors: Teddy Borth, Jennie Forsberg, Grace Hansen

Design Contributors: Laura Mitchell, Dorothy Toth

Publisher's Cataloging-in-Publication Data

Names: Hansen, Grace, author.

Title: Biomas marinos / by Grace Hansen.

Other titles: Marine biome. Spanish

Description: Minneapolis, MN : Abdo Kids, 2017. | Series: Biomas | Includes
    bibliographical references and index.

Identifiers: LCCN 2016948070 | ISBN 9781624026898 (lib. bdg.) |
    ISBN 9781624029134 (ebook)

Subjects: LCSH: Marine ecology--Juvenile literature. | Spanish language
    materials--Juvenile literature.

Classification: DDC 577.7--dc23

LC record available at http://lccn.loc.gov/2016948070

Contenido

¿Qué es un bioma?

Un bioma es un espacio grande de tierra. Tiene cierto tipo de plantas, animales y clima.

desierto

bosque

agua dulce

agua salada

pastizal

tundra

5

Biomas marinos

Las aguas marinas son biomas. Hay tres tipos principales de biomas marinos. Los océanos son los biomas más grandes. Cubren la mayor parte de la Tierra.

7

Los océanos son grandes masas de agua muy salada. Cerca del ecuador el agua es más caliente. Mientras más lejos esté el agua del ecuador, más fría es.

9

Los arrecifes de coral son biomas de aguas templadas. Estas aguas son además poco profundas. Los arrecifes necesitan mucha luz solar.

Los estuarios son biomas especiales. Son lugares donde el agua de los ríos se une al océano. Es un lugar seguro para que los peces tengan crías.

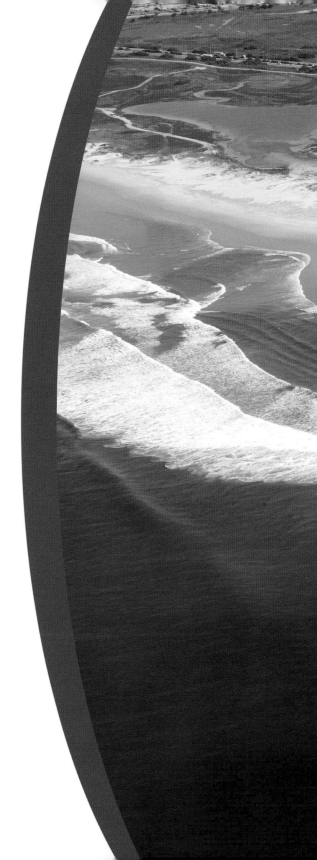

13

Plantas

El kelp es una planta marina importante. Es un tipo de alga. Es alimento y refugio para muchos animales. ¡El kelp además produce oxígeno!

Animales

Los corales no son plantas. ¡Son animales! Los corales se adhieren al arrecife y viven ahí toda su vida. También son el hábitat para otros animales.

17

Las ballenas son **mamíferos** marinos. Tienen **grasa**. La grasa las mantiene calientes.

En los biomas marinos viven muchos **crustáceos**. Su cuerpo está cubierto por un caparazón. Los congrejos hermitaños viven en los tres biomas marinos.

21

Cosas típicas de un bioma marino

arrecife de coral

pasto marino

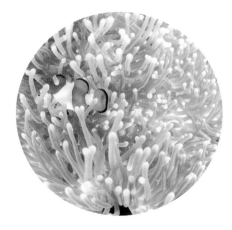

anémona marina

estuario

salicornia

garza azulada

océano

alga roja

delfín nariz de botella

Glosario

algas – pequeñas plantas que crecen en el agua o cerca del agua, no tienen hojas, tallos o raíces normales.

clima – condiciones meteorológicas normales de una zona durante largos períodos de tiempo.

crustáceo – animal que tiene varios pares de patas. Su cuerpo está dividido en partes y está cubierto por un caparazón.

ecuador – línea imaginaria alrededor del centro de la Tierra, que la divide en los hemisferios norte y sur.

grasa – aceite que producen las ballenas y otros mamíferos marinos grandes.

mamífero – animal que generalmente tiene la piel cubierta de pelo; las hembras producen leche para alimentar a sus crías.

23

Índice

abdokids.com

¡Usa este código para entrar en abdokids.com y tener acceso a juegos, arte, videos y mucho más!

Código Abdo Kids:
BMK5048